들꽃에 화엄의 길

들꽃에 화엄의 길

초판 인쇄 2021년 10월 20일
초판 발행 2021년 10월 30일
1판 2쇄 2021년 11월 15일

저　　자　임봉주
발 행 인　최한묵
발 행 처　도서출판 미소
등　　록　2013년 1월 24일

주　　소　인천광역시 미추홀구 토금남로 84, 203호
전　　화　032-887-3454
팩　　스　032-887-3455

ISBN 979-11-971925-4-8
값 12,000원

잘못 만들어진 책은 교환해 드립니다.
저자와 출판사의 허락없이 책의 전부 또는 일부 내용을 사용할 수 없습니다.

임봉주 시집 6

들꽃에 화엄의 길

미소

시인의 말

일상 속에 마주치던 풀꽃이
나에게
작은 것들의 소중함에 눈뜨게 했다
자주 접하다 보니 친해지고
보면 볼수록 귀엽고 앙증맞다
그 작은 꽃들이 내게 준 기쁨으로
이 시집을 풀꽃에게 바친다

차례

* 시인의 말
* 책을 내며

1부 꽃의 내면

감국　15
늦깎이 잔치　17
딱따구리　19
봄꽃 피다　21
수선화 옆에서　23
호랑지빠귀와 술래잡기　24
하심　25
홍화꽃 피다　27
히어리　29
꽃의 장례식　31
복수초　33
미선나무　35
벚꽃 터짐　37

길가에 핀 꽃　38
꽃의 내면　39
루피너스　41
빛의 순례　42
찌릿찌릿　43
개미자리의 영토　45
민들레 홀씨　47
벌노랑이　49
좀작살나무　51
개별꽃　53
민들레의 우주　55
봄꽃은 피는데　57
돈다, 돈다　59

2부 들꽃에 화엄의 길

황사 주의보　62
겹삼잎국화　63
후투티를 기다리며　65
칠엽수 꽃차례　67
꽃이 쓰는 시　68
카카포　69
함박꽃　71
마가목　73
해바라기　75
쑥부쟁이와 벌개미취　77
너를 간직한다　79
나의 수목원　81
불의 종족　82

우주와 운석　83
금계국 잘리다　85
여린 것들　86
물음에서 길 찾기　87
풀꽃 겨울나기　89
들꽃에 화엄의 길　90
스카이킬　93
에르타알레　95
지칭개　97
땅의 비밀　98
풀들의 대화　99
별을 보면　101
문득 깨닫다　103

3부 풀꽃으로 장엄

꽃마리　107
인천대공원 사계　109
공기뿌리　111
구실잣밤　113
갈매기 날다　115
벼랑 위 도사　117
봄맞이꽃　119
함박꽃나무　121
팔미도　122
시간의 힘　123
풍접초　125
똥딴지　127
참외　129

빛과 암흑　130
시클리드와 메기　131
계양산 국수나무　133
꾀꼬리　134
소쩍새 이야기　135
물의 꿈　136
꽃의 상징　137
위대한 고구마　139
보릿고개　141
사스레피　143
큰봄까치꽃　145
풀꽃으로 장엄　147
들꽃 앞에서　148

제1부
꽃의 내면

들꽃은 시기하지 않아요
들꽃은 다른 꽃을 부러워하지 않아요
들꽃은 다른 꽃을 미워하지 않아요

감국甘菊

깊어 가는 가을
산새 소리도
풀벌레 소리도 끊긴 산비탈
호젓이 피어 있는 감국
그 맘이 내 맘 같아
보아 주는 이 없어도 외롭지 않아
생애 이리도 호젓이 살다
이승 떠나라는 하늘의 명命일지라도
나에겐 좋아
외로움 벗 삼아 적적하게 살아가는
내 모습 싫지는 않아
소슬바람에 살며시 달래보는 빈 가슴

늦깎이 잔치

12월 1일
계절은 이미 겨울철 문턱
때를 놓친 늦둥이 풀꽃들
아파트 뜰 한쪽 양지바른 곳에 옹기종기
민들레가 피었다, 개망초도 피었다
클로버가 피었다,
방가지똥이 피었다
고들빼기, 뽀리뱅이
계절 잃은 머저리들
기어코 꽃을 피워보겠다고
마지막 젖먹던 힘까지 보태 어떻게든
피워보겠다고 입술 깨물어 터졌다
어찌할까
한파에 곧 눈보라 닥칠 터인데

딱따구리

또르륵
또르르, 딱딱, 또르륵
숲속에서 명징이 울리는 소리
앞산엔 절도, 중도 없는데
웬 목탁 두드리는 소리일까
아니면 멀리 연병장에서 기관총 쏘는 소리?
봄이 오는 길목에서
움트는 숲속에서 딱, 딱 겨울잠 깨치는 넌 누구냐
아, 광릉수목원에서 청량산으로 갓 시집온
수줍은 오색딱따구리 새색시구나
고사목을 목탁 삼아 정성스레 예불 올리며
또르륵, 딱, 딱, 또르륵
'봄이 왔어요
어서 겨울잠에서 깨어나세요'

봄꽃 피다

봄이면 꽃이 핀다
필 곳 없어도 꽃은 핀다
담벼락 밑에 민들레가
아스팔트 갈라진 틈새에도 냉이꽃이
널브러진 플라스틱 화분 속에도
반짝이는 별꽃은 핀다
아파트단지 자투리땅에도 제비꽃이 핀다
봄이면 어디든 꽃이 핀다
암 병동 시한부 침대에도 카네이션 핀다
무기수 갇힌 교도소 창가에도 소망의 꽃이 핀다
너무나 젊어서 안타까운 견성암 비구니들 가슴에도
앵두꽃은 피어나고
동네 어귀 풀밭에도 큰봄까치꽃은 앙증맞게 피어
바람에 흔들린다
기다리지 않아도 봄꽃은 피고
꽃이 피면 더욱 서러운 사람들 가슴
이 봄이 마지막일 사람들 가슴에도 봄꽃은 핀다

수선화 옆에서

그대여,
그리움 없이 피는 꽃을
꽃이랄 수 있을까

그대여,
그리움 없이 지는 노을을
노을이랄 수 있을까

그리움이 물밀 듯 밀려와
가슴에 멍울지는 이 아픔

하지만 그대여,
그리움 없이 사는 인생을
인생이랄 수 있을까

호랑지빠귀와 술래잡기

봄 처녀 봄동 캘 때면
마른 봄바람 타고 날아 와
휘휘 호오

처녀야, 봄 처녀야
술래잡기하자. 휘휘 호오

낮게 낮게 숲속 헤집고 다니며
술래야 술래야
나, 여기 있다 찾아봐라
휘휘 호오, 휘휘 호오

앞에서, 뒤에서 술래 잡자, 술래 잡자

봄이 오는 길목에서
봄 처녀 희롱하는 얄미운 장난꾸러기야
너, 호랑지빠귀

하심下心

세속의 인연 버리고
산속 절에서 수행하는 스님처럼
세속의 인연 버리고 평생
수도원에서 기도하는 수녀처럼
삶이 곧 수행이고
수행이 곧 삶인 보살처럼
자나 깨나
앉으나, 서나
숨 쉬는 것조차 한 생각인 들꽃처럼
너는 시詩를 위해 헌신한 적 있느냐
일구월심 정진하였음에도
너의 시가 정상에 오르지 못했다 한탄하느냐
옳거니, 그 하심下心은 구원으로 가는 문이다

홍화꽃 피다

하늘도시 미개발지 밭에
울긋불긋 물들어 가는 홍화꽃 군락
그 홍화꽃을 보면
가슴 한구석 애련한 무엇 있다
홍화꽃은 분이가 입은 색동옷이다
홍화꽃은 분이의 댕기 머리다
홍화꽃은 손꼽아 기다리던 꽃신이다
홍화꽃은 그녀 시집가던 날 칠보단장 족두리다
청상靑孀에 신神내림 받아 칼춤 추던 그녀 장옷이다
하늘도시* 홍화꽃 핀 밭둑 지날 때면
기억은 아득히 고향길로 손 이끌려 들어간다
까맣게 잊어버렸던 어린 시절 풍경이 일렁인다
그러나, 홍화꽃 보면
쌍무지개 뜨던 그 시절로 갈 수 없는
세월 저 건너편 망망한 강줄기 하나 놓여 있다

*하늘도시: 영종하늘도시

히어리

인천대공원 수목원에서 처음으로
너를 보았다
이름은 허투루 전해지지 않는다고 했지
어떤 꽃일까 궁금했는데
이른 봄 황금의 총상꽃차례 치렁치렁 매달렸다
꽃 지고 나면, 무령왕릉의 금귀걸이 모양
정교하게 세공한 금붙이 늘어뜨린 씨방이
탐방객에게 손짓한다
저기, 여보세요
이 귀고리가 참 예쁘지 않으세요
예쁘다면 그냥 드릴게요
환하게 미소 보낸다
우리나라 고유종이라 더욱더
애틋하고 보살펴 주고 싶은
너, 히어리

꽃의 장례식

꽃샘바람이 화들짝 달려와 파랗게 질린 얼굴로
소식 전하고 휘-익 스쳐 가버린다
아니 벌써 세상 떠났다고?
주말 시골집 지키던 목련나무 아래로 달려갔다
허물어진 돌담 모퉁이
엿새 전까지 하얗게 피어오르던 목련꽃 흔적 없고
꽃상여 하늘로 떠나 버린 뒤
흰 고무신, 상포喪布 조각만 여기저기 흩어져
맨땅에 나뒹군다
상주도 조문객도 다 떠난 뒤
대낮 빈 마당에는 휑하니 정적만 감돌고
아련히 들리는 듯 상두꾼의 만가輓歌
하늘 어디쯤 가물가물 스러진다
목련꽃은 꿈처럼 왔다가
가약 맺기도 전 가버린 가냘픈 소녀
그 뒷모습처럼 가슴에 남아
난, 오래도록 환상통을 앓게 된다

복수초

2월 말
햇볕 쨍하니 푸른 하늘
인천대공원으로 봄나들이 갔다
수목원 차가운 땅에서
고개 쏙 내민 샛노란 꽃봉오리가
내 마음 어둠을 밝히는 등불로 환하다
봄은 기다리니까 온다
봄은 찾아 나서면 더 살갑게 다가온다
건성건성 가버린 세월
한 소식 깨닫지 못하면 한평생이 주마간산
눈 밝은 자 볼 수 있는 꽃 복수초
산천은 아직 적막강산인데
오롯이 언 땅에서 등불 밝히고 있다
복수초 그 오묘한 뜻 간직하고 싶어라

미선나무

미선이라 말하면
코끝에서 박하분 냄새가 난다
미선나무꽃이라 말하면
연분홍 치마가 아른거린다
양지바른 풀밭에 해쑥이 고개 빼꼼 내밀 때
미선이가 봄나물 캐러 나왔다
박하분 바르고
연분홍 치마 입고
풋내기 봄 처녀 사뿐사뿐 걸으며
첫사랑 고운 임 만나러 나왔다
우리 강산에 오는 봄은
미선이 꽃신에서 시작된다
아직은 바람끝 알싸한 3월인데
미선이 꽃단장하며 봄나들이 한창이다

벚꽃 터짐

꽃나무에는
비밀스러운 정령이 살고 있어
날마다, 날마다
햇빛 떨어지는 각도를 재어본다
기온 변화 느끼고 바람 부는 방향을 감지한다
빗방울 성분 분석한다
그래프 그리면서 손꼽아 기다리다가
그날 그 절정의 순간을 위해
한 걸음, 한 걸음 살금살금 내딛다
바로 그 시각
우주의 파동을 느끼는 찰나에 와~ 와~
함성 지르며 일제히 고지로 달려나가
불꽃놀이 폭죽으로
꽃봉오리 팡- 팡- 터뜨리지

길가에 핀 꽃

들꽃도 외로워 길가에 핀다
깊은 산속엔 꽃이 드물다
보아주는 이 없어 외롭기 때문
깊은 산속에는 새들도 외로워 살지 않는다
절간 곁으로 내려와 지저귄다
인적이 그립기 때문
길가의 꽃들은 혹여 임이 지나갈까
기다리고 기다린다
길가에 핀 꽃에게 눈길 주지 않으면
꽃은 슬퍼한다
그러면 내 맘도 따라서 안쓰럽다
오늘도 산책길에서 꽃에게 안부를 묻는다
너 하루 동안 잘 있었니?
그러면 꽃은 환하게 미소 짓는다

꽃의 내면

들꽃은 시기하지 않아요
들꽃은 다른 꽃을 부러워하지 않아요
들꽃은 다른 꽃을 미워하지 않아요
들꽃은 한눈팔지 않고
일 년 삼백육십오 일 기도하지요
우주의 운행 따라 수행하며
오직 그날을 기다리며 인내하지요
들꽃은 햇빛 홀로 차지하지 않아요
들꽃은 달빛 홀로 차지하지 않아요
들꽃은 다른 꽃을 닮으려 하지 않아요
욕심 비우며 날마다
일구월심 한마음 정진하지요
꽃 속을 가만히 들여다보면
한 떨기 들꽃 속에도 별이 뜨고
우주 운행 깃들어 있어요

루피너스

누가 널 욕망의 꽃이라 했는가
빨강, 파랑, 연보라
꽃자루에 다닥다닥 붙어 있는 꽃 오히려 예쁘다
왜 무한 삶을 추구하는 '욕망'이란 꽃말 붙였는가
무한 욕심쟁이는 인간들이지
꽃은 10일간 피면 끝이다
인간은 80년 긴 평생을 누리고도
사후 영생을 꿈꾸며
천국행을 빌고 기도드린다
인간은 지상 어느 생명체보다 복 누렸음에도
또 다음 세상을 갈구하는 욕심꾸러기들
내생이 있다 한들 그곳에는 희로애락이 없을까
난, 이 생애 끝나면 만족하리
단지 그것으로 감사하리
다시는 생사生死의 바다에 뛰어들지 않으리라

빛의 순례

살아있는 것은 모두가 빛을 발한다
나비도
물고기도
까마귀도
살아있는 것 자체가 빛나는 일이다
장미꽃도
으아리도
개망초꽃도
살아있는 모든 것은 빛의 화신이다
생명체마다 그 형상 속에
태양 빛이 들어가 생명의 발전기 돌리고 있다
죽음 그것은 빛이 꺼짐이다

찌릿찌릿

전기뱀장어는 아마존강을 건너는 말이나 사람을
쓰러뜨리기도 한다. 찌리찌릿
박쥐는 초음파를 발사해 반사하는 전파로
어둠 속 먹잇감 찾는다. 찌릿찌릿
고양이 앞에 쥐새끼는 고양이 전류에 감전되어
옴쭉 못하고 벌벌 떤다. 찌릿찌릿
사람과 사람 사이에도 전류가 흘러서
말하지 않아도 이심전심 통한다. 찌릿찌릿
사랑하는 사람끼리는 전류가 서로 끌어당기기에
사랑이 맺어진다
눈맞아 바람피우는 것도 찌릿찌릿하기 때문
뱀상어가 바위틈에서 먹이를 찾을 때
전류를 흘려보내 먹잇감의 위치를 찾아낸다. 찌
릿찌릿
  지구상 모든 생물체에 전류가 흐르고 있다
  철새의 정확한 이동 경로도, 물고기의 모천회귀도
  지구 자기장을 감지하여 이용한다
  지구가 곧 거대한 전자기電磁氣 덩어리니까

개미자리의 영토

개미자리가 사는 곳
보도블록과 보도블록 틈새
아스팔트와 도로 경계석 사이
개미자리가 차지하는 땅
한 뼘 작은 영토
개미자리가 피워낸 꽃
하얀 좁쌀 크기
눈 씻고 보아야 보인다
햇빛과 바람 있으면
생명 오롯이 지켜낸다
밤하늘 달빛, 별빛 우러르며
꿈을 키우며 씩씩하게 자란다

민들레 홀씨

넌, 꽃물 넘치는 절정의 순간에
욕망 비우고
모든 걸 내려놓는 분수를 아는 꽃
꽃잎 하나까지 노랑 물감 꽉 채우고 난 뒤
화창한 봄날 꽃잎을 햇빛에 말리고 말려서
투명한 은銀실로 둥근 궁전 만들어
우아한 모습 보여주더니
떠날 때가 오면 공기보다 가벼운 열기구 펼쳐
마파람에 두둥실 비상하는구나
정치 집단들은 꽃피는 이 봄날에도
시퍼런 독설과 저주의 언사를
서슴없이 난사하며 물고 뜯고 하면서
서민들 가슴에 비수를 꽂는
이 아수라 같은 세상에도 넌,
차면 비울 줄 아는 겸허한 마음을 가졌구나
민들레여, 홀씨여 천상으로 비상하라

벌노랑이

이른 봄꽃이 질 무렵부터
막 피기 시작하는 너
영종 전철역 가는 길
윤중로 중앙분리대의 화단에
늦봄부터 가을까지 노랑 물감 엎질렀다
뜨거운 열정으로 한여름 무더위 이겨내고
벌들아, 노랑나비야 모여라
나는 너희들이 좋아하는 벌노랑이야,
손짓한다
노랑, 노랑 벌들이 무더기로 모여
노랑, 노랑나비들이 무더기로 날아와
팔랑팔랑 춤추는 듯
바람결에 흔들리는 벌노랑이꽃
앙증맞게 예쁘다

좀작살나무

너를 보면 'k' 시인이 생각난다
어떻게 그렇게 네 마음
속속들이 들여다보았을까
밤하늘의 별빛, 달빛 모아
사파이어 보석을 만들었으니
그 시인이 표현하기 전에 나도
비취나 사파이어 보석을 생각하고 있었지
햇빛, 달빛, 별빛 섞어 창조한 결정체인
영롱한 보석 초롱초롱 달고 있는 네 모습 좋아
한 가지 꺾어다
내 서재에 꽂아두고 보고 싶었지만
참았지
네가 얼마나 정성 들여 만든 보석인데
차마 꺾을 수 없었지
좀작살나무는 사파이어를 낳는 나무

개별꽃

넌, 별꽃보다 더 아름다운데
왜 '개' 자 붙여 개별꽃이라 했느냐
제 모습이 못나서가 아니에요
실은 제가 별꽃보다 크고 예쁘다 말해요
그런데 숫자로 치면 별꽃과는 비교도 안 될
소수자거든요
주류가 아니라 변두리에요
인간 세상도 다수가 아닌 소수자는
항상 변두리에 살지요
그들의 목소리는 늘 주류에 밀려
묵살되지요
그러나 소수가 다 안 좋은 건 아니에요
눈 밝고 깨우친 사람에겐 오히려
귀한 대접을 받으니까
우리 개별꽃처럼.

(영종 자이아파트 부근에서 찍다)

민들레의 우주

길가에 피는 너를 민초라고 한다
민들레에게도 해가 뜨고 하루해 기운다
민들레에게도 밤이 되면 달이 뜨고
은하수 별들이 반짝인다
민들레에게도 그리움이 있고
보고 싶은 얼굴이 떠오른다
길가에 피는
민들레도 바람이 불면 흔들리고
비가 내리면 그리움의 눈물방울이 맺힌다
사람의 발자국 소리
지나가는 사람들의 속삭임도 듣는다
민들레의 생체시계는 빨리 돌아
꽃 피는 기간은 일주일뿐
꽃이 지면 나는 또 기다려야 한다, 너를
일 년 후 만날 날 기약하며

봄꽃은 피는데

봄이 오는데
꽃은 피는데
매화꽃이 피고
산수유가 피고
목련꽃이 피어 흔들리고
영산홍은 뾰족뾰족 꽃화살촉 내미는데
사람들아, 사람들아 보아라
봄은 이렇게 성큼 다가오는데
욕망의 감옥에 갇힌 사람들아 보아라
이 봄꽃을 보아라
마음속 불만 불평 버리고 보아라
아무리 세상이 시끄러워도 봄은 오지 않느냐
아무리 세상이 힘들고 정치판은 악다구니처럼
날마다 헐뜯고 싸워도 봄은 오지 않느냐
사람들아 보아라
우리들 가슴속에 있는 증오와 미움 버리고 보아라
인터넷 뉴스와 TV 뉴스에서 날마다
세상이 온통 개판인 것처럼 저주받을 뉴스 퍼붓
는데도 봄은 오지 않느냐.
 눈 맑은 사람들아 보아라, 울타리에 피는 개나리

보아라
  산에 산에는 진달래꽃 피는 걸 보아라
  우리 집 담장 아래 큰봄까치꽃이 파랗게 눈뜨고
  안녕, 안녕 인사하는 걸 보아라
  작은 화단 돌무더기 사이
  별꽃이 반짝이고 있는 걸 보아라
  봄은 오는데 욕망의 감옥에 갇힌 사람들아
  이 세상에도 봄은 오는데
  봄꽃 지천인 우리 동네 이 천국을 두고
  어디서, 무엇을 구하겠다고 동분서주하는가

돈다, 돈다

싸돌아다니며 도니까, 돈이다
돈벼락 맞으면 돌아버리니까 돈이다
돈을 많이 먹으면 돈豚으로 변하니까 돈이다
어느 날 이 세상에서 제일 좋은 것이
돈이라고 돈오頓悟 하니까 돈이다
돈이 웬수다
형제 중 누가 엄청 잘 사는데 안 도와주기 때문이다
그 도움이 성에 차지 않기 때문이다
그 반대편에선
툭하면 손 내미는 형제가 지긋지긋하기 때문
차라리 다 같이 못살면 우애가 두텁다
한여름 함지박이나 양푼에 꽁보리밥 넣고
고추장 넣고 상추 쑥갓 찢어 넣고 박박 비벼서
함께 퍼먹던 시절은 우애가 좋았다
그때보다 몇 곱절 잘살게 된 요즘 우애가 나쁘다
그건 다 웬수 같은 돈 때문이다
며칠 전 장례식장에서 사촌 형제들 집안이
뿔뿔이 모래알로 변하는 걸 그만 보고 말았다

제2부
들꽃에 화엄의 길

꽃마리 속에 길이 있네
달맞이꽃 속에 길이 있네
개망초꽃 속에 길이 있네
가만히 들여다보면
아득히 먼 은하로부터 전해온 길

황사 주의보

황사가 하늘 뒤덮었다
종일,
도시는 황사 속에 묻혀 버렸다
태초에 혼돈의 시대가 이러하였으리
빛도 소리도 아닌 주문呪文에 이끌려
옴마니밧메훔, 옴마니밧메훔
구원의 주문 읊조렸으리
현대문명이 쌓아 올린 첨탑은 하늘 높이 치솟아
인간의 능력 한껏 자랑하는 오늘날에도
황사가 대지를 뒤덮으면
거대한 황사 장막 속으로 빨려들어 가면서
막대 그림자처럼 휘청거리며 사라지고 또
사라진다. 긴 다리에 머리통 큰 종족
하나, 둘, 셋 사라진다

겹삼잎국화

소년 무렵 널 보고 난 후
나도 모르게 모란으로 여기고 말았다
노란 꽃봉오리 달고
가냘프고 큰 키에 흔들리는
비를 맞으면 축축이 젖어 고개 숙이는
나의 모란꽃은 모가지 길게 내밀고
늘 무언가 기다리는 그리움의 가녀린 꽃이었다
넉넉하고 풍만한 여인은 아니고
부귀영화 상징인 중국 국화國花는 더욱 아니었다
무심히 세월 흐르고 우연히
뒤늦게 안 나의 모란꽃 본래 이름은
무더운 여름 한나절이면 태양의 열정 부끄러워
고개 숙인 겹삼잎국화였다. 소년 시절
시골 마당 한구석 여름 내내 오롯이 서 있던
나의 모란꽃, 겹삼잎국화
지금도 그 누구를 기다리고 있을까?

후투티를 기다리며

5월 이맘때쯤
손꼽아 기다렸다
몇 년째 보이지 않는다
늦가을 베트남, 라오스로 갔다
새봄이면 태어났던 곳 잊지 않고 찾아오던
후투티
구읍뱃터 해안매립지 드넓은 풀밭에서
솟구쳐오르다, 숨다, 숨바꼭질하던 그 후투티
송산마을 농가 담벼락 위에 앉아서
망중한忙中閑 보내던 후투티
개발 바람에
산과 들판 통째로 흔적 없이 사라지고
집이 헐리고 천지개벽한 땅 영종도에
대규모 아파트 단지가 들어선
그 후부터 네 모습 보이지 않는다
천혜의 섬에서 오붓하게 살던 보금자리 철거되고
지금 어디서 타향살이 떠도는 것일까

칠엽수 꽃차례

하늘 향해 솟은 꽃차례가
칠보 단장한 신부 족두리다
대가大家 규수의 기품 넘치는
혼례 행차이시다. 길 비켜라
이 좋은 계절 앞에
자질구레한 것들아 모두 물러서라
도도한 모습 개량 마로니에 칠엽수 꽃차례
칠보 한 땀 한 땀 수놓아 만든 신부 족두리가
눈부시게 아름답다
하늘나라 선녀님들 화관花冠 같기도 한
꿈결이듯,
우아한 칠엽수 꽃차례 너 또한 몇 날 피었다
곧 사라지고 마는 신기루일까
아니면 파란 하늘 우러러 피었다
흔적도 없이 지는 5월의 허공 꽃일까

꽃이 쓰는 시

꽃은 1년에 오직 한 번
시를 쓴다

헤픈 시인들처럼 마구 쓰지 않는다

일 년 삼백육십오 일 정진한 후
단 몇 줄 쓰고 끝맺는다

혼신 다해 쓸 뿐
그 의미는 읽는 사람 각자의 몫

열정 다해 꽃피우다가

꽃이 머물던 자리 흔적
싹 지워버린다

카카포

어찌하여 날지 못하는가
어찌하여 웅크리고 살아가는가
어둠 속에서 두려움에 떠는 카카포
너의 선조는 끝없이 파란 하늘
광활한 숲 위를 날아다닌 위풍당당
큰 앵무새였다
곰곰이 먼 기억의 골짜기 수색해 보렴
창공을 날아다니던 옛 추억 되찾아보렴
수천 년 누리던 안락함이 비상하던 원초적
본능마저 빼앗아 갔을까?
숲속 빈둥거리는 부랑아처럼 만들었구나
지구상 달랑 130여 마리 생존
종족 멸망이 풍전등화처럼 위태롭구나
날아 보렴, 카카포*
날다가 날개가 부러질지라도
날아가다 그만 곤두박질칠지라도

*카카포: 뉴질랜드 남섬에 서식하는 야행성 앵무새

함박꽃

함박꽃아,
너도 우울할 줄 아느냐
넉넉하고 풍성한
부잣집 맏며느리 같아 넌
슬픔이란 도무지 없을 것 같아 넌
누가 너에게 화를 내면
어떻게 하지?
그냥 웃지요
누구에게나 어려움 있는 거예요
받아드리는 마음, 그게 중요하지요
괴롭지 않으면 행복한 거예요
위만 쳐다보고
겉모습 비교하면 불행이 고개를 내밀지요

마가목

마가목 빨갛게 물들었다
너를 처음 본 건 울릉도 봉래폭포 계곡
높다란 나무에
빨간 열매 주렁주렁 매달고 있는 걸 보는 순간
신선들의 열매처럼 보여
너에게 마음 빼앗겼지
도동항에서 노파에게 열매를 사 왔고
마가목주(酒) 담갔지
하늘 우러러 꽃 피우는 고고한 자태
빨간 열매는 깊은 산속 수행하는 스님들 관절병
치료 약으로 쓰였다지
요즘 근린공원 조경수로 많이 심어 서운할지 모르겠다
돌덩이 희귀한 별에선 황금보다 돌덩이가 더
귀한 대접을 받을 테니까
하지만 걱정 안 해도 된단다
봄엔 하얗게 핀 꽃송이 소담스러워서
가을엔 열매가 루비 박힌 왕관처럼 예뻐서
여전히 사랑받을 테니까

해바라기

참 멀리도 왔구나
너의 고향은
1억5천만 킬로 떨어진 저 빛나는 태양
1초의 태양에너지 다 모으면
지구상 인류가 100만 년 쓸 수 있는 막대한 양
네가 태양의 화신化身이라면
불타는 에너지 얼마나 가져왔느냐?
해바라기의 말
너무 먼 곳으로 여행 와서 춥거든요
지금 나에겐 뜨거운 햇볕 에너지가 필요하답니다
그래서 종일토록 해를 바라보지요
왜 빈손으로 왔느냐
왜 맨몸으로 지구에 왔느냐
그건 저에게 묻지 마세요
우주 윤회의 법칙은 평생 업보에 따라
정해진다 하지요

* 태양은 매초 6억 톤의 수소를 태워 헬륨으로 바꾸고 있다

쑥부쟁이와 벌개미취

쑥부쟁이
잎을 보니 쑥은 쑥이다
쑥과 부지깽이나물 닮았다고 하여
쑥±부쟁이
꽃말이 '그리움'
어쩐지 너를 보면 그리움이 묻어난다

벌개미취
잎사귀 보니 취는 취다
벌, 개미가 너를 무척 좋아하나 보다
꽃말이 '청초' '너를 잊지 않으리'
별처럼 예뻐 별개미취로도 불린다

씀바귀와 고들빼기는 꽃만 보면
구별하기 어렵다
덜꿩나무와 가막살나무도 그렇다
하지만 잎을 자세히 보면 다르다

너를 간직한다

오늘 또 한 컷 간직한다
찍는다는 것은
너를 갖고 싶다는 뜻
너의 아름다운 모습
고이 간직하고 싶다는 뜻
하루 한 장이라도 찍으면
내 삶은 더욱 풍요로워진다
아무 때나 볼 수 없는 너이기에
며칠간 피었다 곧 사라질 모습이기에
더욱 소중한 것
골목길 담장 너머 환하게 핀 목련꽃, 살구꽃
울타리 기어오르는 나팔꽃, 둥근잎유홍초
들판에 피는 금계국, 기생초, 패랭이
길섶에 피는 개망초, 뽀리뱅이
잠시 예쁜 모습 보였다 곧 사라진다
그러면 나는 아쉽게 또 한해를 기다려야 한다
내 고달픈 인생길에 소중한 동반자인 풀꽃들아

나의 수목원

나의 수목원은 집 근처에 있다
내가 사는 아파트 정원이
나의 수목원이고
이웃 아파트 정원이 나의 수목원이다
주차장이 지하로 들어간 뒤
지상에 갖가지 꽃과 나무를 심었다
어지간한 수목원보다 종류가 다양하다
유명세가 한 계단 낮은 아파트가
입주민들을 위해 더 실속 있게 정원을 꾸몄다
이른 봄부터 나의 수목원 순례가 시작된다
복수초, 생강나무, 산수유 피고 나면
개나리, 진달래, 목련, 벚꽃, 영산홍이 차례로 피고
불길이 조금 주춤하면 덜꿩나무, 가막살나무, 불두화 하얗게 꽃물 올린다
칠엽수가 고고한 화관을 머리에 쓰고 나타나고
아카시아 향기 저물 때쯤 밤꽃이 피기 시작한다
이웃 아파트 어디쯤 무슨 꽃이 피는지 짐작한다
이때쯤 들판에 금계국, 수레국화, 개망초꽃이 지천
우리는 낙원인 땅에 살면서도 정작 낙원인 줄 모른다

불의 종족

원숭이도 불의 종족이라 한다
까마귀도 불의 종족이라 한다
사람도 불의 종족이라 한다
불의 자손임 증표 하나
땅속 46억 년 동안 들끓고 있는 마그마와
불타는 태양의 기氣 받아
따뜻하고 붉은 피돌기가 생명의 원천
체온 유지할 에너지 필요해
날마다 자기 몸 데울 불쏘시개 먹어야 산다
몸의 온도 5도 내려가면 치명적
옛 선조들도 불의 자손임 알았기에
높은 곳에 신전 짓거나 피라미드 세우고
태양 우러러 번제 올렸으리라
불타는 태양과 땅속 뜨거운 용암 아니면
지구는 금방 식어 생명체 살아갈 수 없는 얼음덩어리
화성의 평균 온도 영하 63도 얼음덩어리
살아있다는 것은 즉 불타고 있다는 것
죽음이 남긴 것, 차갑게 굳은 물체 덩어리

우주와 운석

우주에서 지구로
날마다 100톤씩 운석이 떨어진다
운석에는 생명체 기본 물질인
아미노산도 들어 있다
어떤 운석에는 사슴, 노루의 세포가
어떤 운석에는 나비, 벌의 세포가
묻은 채 지구로 떨어졌을 것이다
지구상에 사는 갖가지 동식물들은
어쩌면 우주의 다른 별에서 살던 세포가
운석이란 비행물체 타고 지구에 불시착한 것 아닐까
인류의 조상 또한
지금 어느 우주의 별에 여전히 살고 있으리라
그리하여 우리 가슴에는 늘
옛 별을 향한 그리움과 동경이 잠재해 있다가
계절이 바뀌는 밤하늘 쳐다보면, 문득
두고 온 고향의 별 몹시 그리워지는 것 아닐까
큰곰자리별에는 슬픈 전설의 곰 살고 있겠지
전갈자리별에는 무서운 전갈이 웅크리고 있겠지

금계국 잘리다

도로변 둔덕에 노랗게 핀 금계국
금계金鷄처럼 예쁘구나
아니, 금계보다 더 예쁘구나
일 년 각고 끝에 피워낸 꽃
황금보다 더 예쁘구나
어제 보았던 그 꽃
오늘 보니 흔적 없다
싹둑 줄기가 잘려나가고 뿌리만 남았다
어찌 된 일이냐 묻자,
도로 관리인이 예초기로 줄기 싹둑
잘라버렸단다
잡초는 깡그리 제거해야 한다고.
금계국 울면서 말한다
인간이란, 늘 먹을 것 아니면
돈 되는 것 아니면
쓸모없는 잡초로 취급한다고

여린 것들

새잎 돋는 5월 초
초속 수십 미터 강풍이 휘몰아친다
칠엽수의 이파리가
마가목의 어린잎들이
목백합의 연초록 이파리가 강풍에 휩쓸려
나란히 한일(一) 자로 누운 채 앙버팀하고 있다
머리칼 풀어헤치고 몸부림치는 나무들
쓰러져 납작 엎드린 풀잎들
여린 이파리들 결코 움켜쥔 손 놓지 않는다
모진 비바람에 끈질기게 저항하고 있다
더욱 가열차게 생명의 불꽃 태우고 있다
여리지만 여리지 않은 부드러운 잎이여
거룩한 생명력 의지여
간밤 폭풍우도 무사히 버티었구나

물음에서 길 찾기

꽃아, 네 이름이 무엇이냐?
왜 길섶에 피는 걸까
언제 피어 언제 지는 걸까
가만히 들여다보면
발길에 차이는 돌멩이 하나에도
켜켜이 쌓인 지구의 역사가 깃들어 있지요
들판에 부는 바람결에도
시시때때로 다른 의미가 들어 있어요
모두가 떠나가버린 겨울 숲의 적막함
그러나 앙상한 나목들 내면에서
끊임없이 수액을 퍼 올리는 소리 들어보세요
나목마다 새봄에 틔울 움을 기르는
분주한 역동의 소리 들어보세요
눈앞의 작은 생명에게도 관심 기울이면
세상이 새롭고 신비로운 모습으로 다가오지요

풀꽃 겨울나기

볼때기 얼얼하게 후려치는 칼바람 버티자
납작 엎드리자
낮은 포복으로 칼바람 피하자
부스러기 햇살 한 조각도 허투루 버림 없이
언 손으로 소중히 받아 호호 불며
결빙해 가는 몸을 녹이자
날마다 생사生死의 고비 넘기며 손꼽아 기다린다
오늘은 동짓날,
이제부터 한 달 보름 후면
봄의 전령이 '입춘대길' 입에 물고 달려오리라
긴긴 겨울밤이면 부엉이 울음소리 자장가로 여기고
밤하늘 초롱초롱하게 반짝이는 별빛 모아서
꽃이불 삼아 덮으리
한겨울 양지바른 둔덕에서
근근이 생명줄 이어가는 금계국 근생엽들
봄날을 상기하며 힘찬 구령 소리 외친다
얼어 부푼 이파리 안쓰러워 가만히 들여다보면
귓가에 함성이 쟁쟁
'영차, 어기차
혹독한 이 시련의 계절도 길지 않으리'

들꽃에 화엄의 길

꽃마리 속에 길이 있네
달맞이꽃 속에 길이 있네
개망초꽃 속에 길이 있네
가만히 들여다보면
아득히 먼 은하로부터 전해온 길
태초에 엽록소 식물 탄생 시기부터
초록 비밀 머금고 면면히 내려온 길
인류 출현 시기 이전부터 내공 쌓아온 길
작은 들꽃 속을 들여다보면
꽃 속에 태양이 반원 그리며 지나가네
꽃 속에 하얀 낮달이 눈짓하네
밤이면 들꽃에 은하수 별 반짝이네
들판 돌멩이 하나에도 수억 년 겪어온
이 지구 행성의 역사가 깃들어 있네
들판의 흙 속에 수억 년 켜켜이 쌓인 흙의
속 깊은 내력이 들어 있네
그 돌 틈과 땅의 비밀스러운 내면에
들꽃이 뿌리 내리고
대자연의 맥박 이어받아 꽃 피우네
들꽃의 유전하는 기억 속에는

천지를 집어삼킬 듯 폭발한 화산과
천지를 쓸어버릴 듯 폭풍우와
세상을 꽁꽁 얼려버릴 듯 혹한의 계절도 있네
들꽃은 언제나 침묵하는 성자聖者처럼 말이 없네
아픔과 슬픔과 번뇌를 안으로 다스리고 삭여서
환하게 미소 짓네
이리 휘청 저리 휘청 마구 흔들리면서도
바람을 탓하지 않네
단 한 번의 꽃을 피우기 위해
일 년 삼백육십오 일 한마음으로 기도하네
들꽃은 세상이 쓰다 달다 평하지 않네
부처가 들어 올린 꽃을 보고 가섭迦葉이
미소로 화답하듯
들꽃은 보는 사람에게 말 없는 말 전하네
들꽃 속에 아득히 난 길이 있네
화엄의 집으로 가는 길

스카이킬

삼 년 전
사무실 주차장에 새 한 마리가 추락해 죽었다
천상의 새처럼 예쁜 연초록 날개를 단 새
도로변 화단에 묻어 주었다
그 새가 청딱따구리인 걸 뒤늦게 알았다
지난해 또 같은 새 한 마리가
투명유리 창에 부딪혔는지
보도블록에 차갑게 식어 있었다
신문지에 싸 와서 하늘도시 19호 근린공원 앞
미개발지 땅에 묻어 주었다
올해 4월 말 박석공원* 게이트볼장 휴게실 유리 창 앞
땅바닥에 감청색 날개 예쁜 유리딱새가
머리에 피를 흘린 채 파닥거리고 있었다
살려볼 생각으로 급히 근처 잣나무 숲 그늘로
들고 들어갔으나 곧 숨을 거두었다
인근 잣나무 숲에 낙엽 더미를 들추고 묻어 주며
속마음으로 빌었다.
스카이킬 없는 세상에서 태어나거라
*박석공원: 영종하늘도시에 있는 공원

에르타알레

에르타알레는 슬픈 이름이다
에르타알레는 고독한 이름이다
3천만 년의 고독
작열하는 에티오피아 태양 아래서
심장박동처럼 쿨렁거리는 용암 화산
잠시도 쉴 틈 없이
용융액 풀무질해야 하는 운명의 업보를 짊어진
너는 어제도 오늘도 내일도
인류가 지구상에 탄생하기 훨씬 이전
수천만 년 전부터
지구 속 깊은 곳으로부터 끓어오르는
뜨거운 분노 달래고 어르는 고된 천형天刑의 길
노역을 계속하고 있다
에르타알레, 우주의 모든 걸 삼킬 듯한 너를 보면
공포심 일으키는 불지옥 용광로다
질기고 긴 세월 이어 온
지구 행성과 인연이 끝날 그때 언제일까

지칭개

너를 보면 뻐꾸기 울음소리가 들린다

뻐꾸기 목놓아 우는 6월
동네 어귀 풀밭이나 밭둑에 피어

환하게 웃는 모습도 아닌
엷은 미소를 머금은 듯

얼뜨다, 열여섯 시골 처녀같이 수줍은 듯

입술은 자주색인가
연한 핑크빛 같기도 한 지칭개

너를 보면 왠지 어릴 적
시골 분이의 시무룩한 얼굴이 떠오른다

땅의 비밀

땅속엔 무엇이 있을 것이다
그러지 않고서
노란 참외가 둥글둥글 맺힐 리 없지
그러지 않고서
가지가 보라색으로 길쭉길쭉 달릴 리 없지
땅속엔 갖가지 물감 지닌 정령이 살고 있어
달맞이꽃은 노랑 색깔로 칠하고
모란꽃은 붉은색 물감을 칠하고 있다.
땅속엔 억척스레 부지런한 농부의 정령이 살고 있어
봄날 거친 땅에 꾹꾹 꽂아 놓은 고구마 줄기마다
가을이면 탐스러운 고구마 줄줄이 매달아 놓을 것이다
사과나무에 빨간 사과 알알이 매달아 놓을 것이다
땅속엔 인내심 깊은 땅의 정령이 살고 있어
폭풍우 치는 계절 꿋꿋이 버티고
눈보라 치는 한파 견디어내고
봄이 오면 개나리꽃 노랗게, 노랗게 물들이며
골목마다 라일락꽃 향기 휘날려
봄 처녀 가슴 싱숭생숭 설레게 부추긴다

풀들의 대화

텃밭을 가꾸다 보니
풀들끼리도 서로 영역 다툼이 치열하다
2년 전에는 쑥이 밭고랑 차지했다
작년에는 바랭이가 극성스럽게 차지했다
올해는 쇠뜨기가 일찌감치 자리를 차지했다
한 종의 풀이 세력을 형성하면
다른 종은 세력다툼에서 밀려나 얼씬 못한다
어쩌면 풀들도 끼리끼리 소통하는 언어가 있어
'아야, 아이들아
그 밭은 이미 고마리가 차지했구나
우리 다른 곳으로 가보자'
그래서 한 구역에 같은 종 풀 무성한 것일까
인간 심성이 풀처럼 자연 섭리에 순응하면
나는 달님이 좋아,
나는 별님이 좋아,
사각거리는 풀잎의 대화를 들을 수 있을지 모른다
바람이 불면 풀들도 상쾌한지 우우 ~ 노래한다

별을 보면

밤하늘에 별을 보면
알 수 없는 그리움이 밀려온다
우주에 고향 두고 떠나온 방랑자처럼
밤하늘에 꿈틀거리는 거대한 용
미리내를 보면 그곳으로 달려가고픈
그리움 있다
수십억 년 전 우주를 떠돌던 원소元素가
우리 몸에 유전자로 박혀 있으리라
초신성 폭발로 성간물질과 함께
우주를 떠돌다가 지구가 생성될 때
질소, 산소, 탄소, 철 등이 지구로 떨어지고
우리 몸의 원소도 그때 함께 묻어 왔다
그래서 우리도 유구한 시간 흘러온 우주의 자손
이고 인간이 곧 우주 일부다
죽으면 다 흩어져 우주의 원소로 환원한다
우주로 완벽한 회귀,
밤하늘에 반짝이는 별을 보면
아득한 우주 어느 별에 살았던 아슴푸레한 기억
그 고향으로 가고픈 그리움 일렁인다

문득 깨닫다

부여 정림사지 오층석탑 둘러보고
궁남지 한적한 연못가 거닐다
물속 황금잉어를 향해 카메라 셔터 눌렀다
처음 몇 마리가 모여든다
한 번 더 눌렀다
더 많이 모여든다
신기해서 셔터를 또 눌렀다
점점 더 많이 우르르 몰려든다
잠깐 멈췄다. 사진 찍기 끝났다고
하나 둘 셋 흩어진다
아하, 물고기들도 물 밖 세상 소리 듣는구나
사람들 웃음소리, 바람 소리, 천둥 치는 소리
우주의 소리 죄다 듣는구나
물속에서도 절간의 목어가 파닥이는 소리
운판 소리, 법고 소리,
범종 울려 퍼지는 맥놀이 들으며
묵언默을 수행하는구나
다시 보니 하늘, 땅, 물속이 한통속이었구나

제3부
풀꽃으로 장엄

뻐꾹채는 뻐꾸기 울음소리를 내고
금계국은 황금 이파리 매달고 피네
개망초꽃은 동그란 달걀프라이 부쳐 놓았네
잡초는 무엇이고, 꽃은 무엇일까

꽃마리

봄꽃 피기 시작하는 이맘때면
우주의 떠돌이별 모두
다 함께 지상으로 내려와
이 땅 어디든지
마당에도 길섶에도 밭둑에도
여기도 꽃마리
저기도 꽃마리
아파트 자투리땅에도 꽃마리
앙증맞게 작은 꽃 노란 눈동자 굴리며
호기심 어린 표정
여보세요
나, 여기 있어요
나를 잊지 마세요
바람결 타고 꾸벅꾸벅 인사를 한다

인천대공원 사계

복수초 노랗게 등불 밝히는 2월.
3월이면 노루귀, 얼레지, 깽깽이풀 피고
벚꽃이 흐드러지게 피는 4월.
5월 오면 히어리가 금귀걸이 출렁이고
장미원에 갖가지 장미꽃 피는 6월.
7월이면 호수에 예쁜 연꽃이 피어나지요
느티나무 그늘 시원한 8월.
9월이면 향기로운 국화가 만발하고
장수한 800년 은행나무가 노랗게 연서 날리는 10월.
12월 눈 내리는 날이면 뽀드득뽀드득
연인들의 정겨운 발자국 찍는 소리

공기뿌리

마른 나무 우듬지에 붙어사는
겨우살이처럼
석 달 넘게 철탑에서 고공 농성을
이어가고 있는 해직 근로자
전철역 지하 공간 시멘트 바닥에 붙어
종이상자를 이불 삼아 덮고 추위를 견디는
노숙자들
폐지 더미 얼기설기 묶은 손수레에 매달려
고물상으로 함께 운반되고 있는 허리 굽은 노인
부모 이혼으로 내팽개쳐진 채 살아가는
소년 소녀 가장들
그 공기뿌리들 가슴엔 바람구멍이 숭숭 뚫려 있다
공기뿌리의 몸은 푸석거리며 허약하다
한겨울 한파에 맨몸으로 견디며
벌거숭이 나뭇가지에 목숨 매달고 사는 겨우살이처럼
우리 주변에도 공기뿌리 인생들이
허공에 실뿌리 흔들리며 겨우 연명하고 있다

구실잣밤

5월 초순
아직은 밤꽃 필 때 이른 시기
홍도 깃대봉 자락에
흑산도 상라산 중산간 자락에
노랗게 물들이는 저 나무가 무얼까?
가까이 가보니 꽃차례가 영락없이 밤꽃 닮았다
잎사귀는 사스레피나무 잎 같기도
한편으로 애기동백(산다화) 같기도
무얼까 궁금했는데
모야모*에 물어보니 구실잣밤나무라 한다
선착장 노점상에 '째밤'이라 써 붙였다
도토리 크기에 알맹이는 잣처럼 우유색이고
맛은 밤 맛이 난다
잣과 밤나무 구실을 한다고 해서
구실잣밤이라고 했을까
피똥 싸게 가난했던 시절에
홍도, 흑산도 원주민들 한겨울 귀한 식량이 되어준
고마운 '째밤'이 구실잣밤이라 한다

*모야모: 식물 이름 찾기 앱

갈매기 날다

영종도 삼목선착장에서 신도 가는 여객선
갑판 위에 서니
파란 하늘에 살랑거리는 바람
갈매기 무리가 배를 따라오다가
던져준 새우깡을 매끄럽게 낚아챈다
위 쳐다보니 날갯짓 없이
온몸 수평을 유지한 채 떠 있다
풍선으로 부풀린 인형처럼 가벼워 보인다
저 눈부신 균형 감각
좌측 날개가 없다면 저렇게 날 수 있을까
우측 날개가 없다면 저렇게 날 수 있을까
정치권에선 허구한 날
좌측 날개 때문에 나라가 잘못된다
우측 날개 때문에 나라가 잘못된다
삿대질 멈추지 않는다
갈매기야, 우리 여의도 국회로 한번 가 볼까
좌, 우 날개가 어떻게 균형 잡는지 보여 줄까

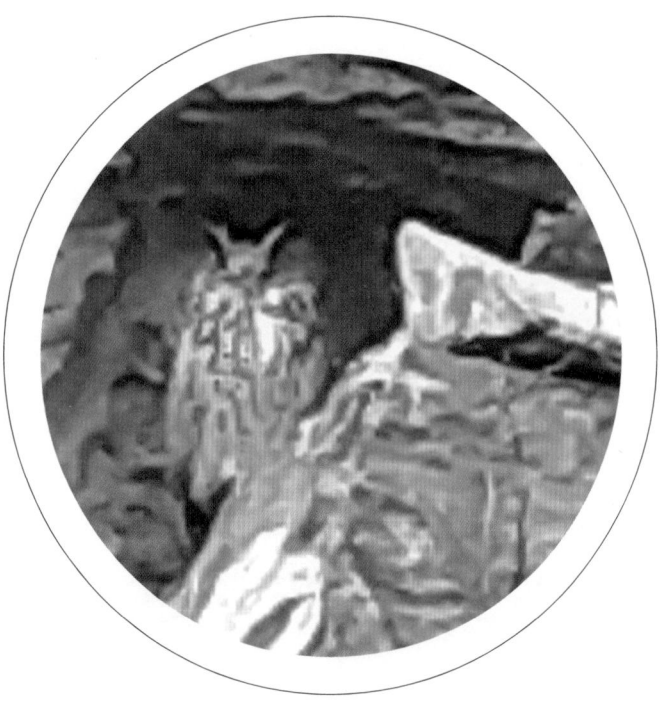

벼랑 위 도사

영종하늘도시 집 근처
야산에 숨어 사는 늙은 도사 한 분
깎아지른 절벽 위에서
날마다 묵언 수행 중
안부가 걱정되어 찾아가면
아는 체도 않고 동그란 눈만 슬며시
떴다, 감았다 미동도 하지 않는다
종일 끼니도 거른 채
용맹정진 중인 수리부엉이
수행에 방해될까 염려되어
슬쩍 곁눈질하고 산길 내려오는데
방정맞은 까치 서너 마리가
주변 맴돌며 시끄럽게 떠들자
도사는 꾹- 꾸국 헛기침으로 쫓는다
달밤에 어린 고라니 뒤꽁무니 쫓던 수리부엉이
동트면 시치미 뚝, 곧추선 자세로 벼랑에서
해 넘어갈 때까지 묵언 정진 중
득도는 하였을까, 허송세월할까?

봄맞이꽃

봄소식 일찍 싣고 온다는 너
올해 지각했을까?
이미 민들레도 피었고, 벚꽃도 피었다
네 모습 보이지 않아
어떻게 된 일일까 걱정했는데
봄이 가운데쯤 왔을 때 막 도착했구나
네가 도착하니 아파트 정원 한쪽이
하얗게 싸락눈 뿌려 놓은 듯이 환하다
내 마음도 비로소 환해진다
바람결이 살짝 스쳐도 흔들리는 너
연약하기 짝이 없는 약골 도련님 같다
그래도
봄소식 전하러 기를 쓰고 달려왔으니
가상하다 어루만져 줄 수밖에
살랑거리는 바람결에도
야리야리하게 흔들리는 봄맞이꽃아

함박꽃나무

복지회관 정원 한구석에
달걀모양 봉긋봉긋 솟은 꽃봉오리
휴대폰 들어 사진을 찍자
노인 한 분이 무슨 꽃이냐고 묻는다
함박꽃나무인데, 산목련이라고도 하지요
북한의 국화 목란이라고 말하자
고개를 갸우뚱하더니
빨갱이들 꽃을 왜 여기 심었을까
눈 치켜뜨고 불쾌한 표정을 짓는다
꽃에도 사회주의가 있을까
꽃에도 자본주의가 있을까
벚꽃이 일본 국화라 미울까
목란이 북한 국화니까 미울까
고개 들어 하늘 쳐다본다
하늘은 저리도 파랗고 드넓은데
꽃은 그냥 꽃일 뿐인데

팔미도

팔자八字가 사나워 팔미도인가
철천지원수처럼 처절하게 싸운 동족상잔
비극을 두 눈 똑바로 뜨고 목격했을 팔미도
그 상흔 지금 어디에도 없다
빛바랜 전쟁영웅들 사진만 덩그마니 남아 있다
폭격 받아 풀 한 포기도 남지 않았다는
월미산 맹폭격 흔적 없고 봄이면 벚꽃 천지이듯
여기 팔미도에도
봄이 오면 벚꽃이 피고, 도화가 피고
꽃이 지면 외로움 스스로 달랬을 나무들만
푸르고 푸르렀다
우리나라 최초의 등대였다는
버릴 수 없는 자부심만 간직하고 살아가는
고집 센 노옹老翁처럼
팔미도는 오늘도 쪼그리고 앉아
인천 앞바다 항로를 응시하고 있다

시간의 힘

소년 시절
둥글고 포근하던 옛 초가지붕이여
밥물 끓는 냄새 물씬 풍기면
꼬르륵 ~ 울리던 배꼽시계
한가위 보름달 아래 강강술래 뛰놀던 시절이여
정월 대보름날 쥐불놀이하던 추억이여
학교 공부가 흥미 없어져
계림동 헌책방을 자주 드나들던 학창시절이여
답답한 직장을 바꾸려고
책상 앞에 절치부심하던 젊은 날들이여
지금 다 어디로 가고 없는가
귀밑에 하얗게 내리는 서릿발 늘어나는데
한 생애가 끝나면
쓸쓸히 책장에 남아있을 시집 몇 권
시간이란 형체 없는 괴물은
모든 것 멸滅하고
흔적 지워버리는 우주 절대의 권력자

풍접초

신랑 어디 가고 홀로 남았나
기다리고 기다리다
이제는 더 기다릴 수 없어라
혼자 원삼 족두리 차려 입었다
바람결에 베를 짜고
밤하늘의 달빛, 별빛 받아 옷 깁고
칠보단장 족두리 머리에 얹었구나
잊지 못해,
잊을 수 없는 임이기에
홀몸이라도 오지 못한 임과 혼례를 치러야지
바람이 축하한다, 살랑살랑 스치고 지나가면
몹시 흔들린다
불안해하지 말라고, 인생은 원래 정답이 없는
것이라며, 박각시가 족두리 쓰다듬고 지나간다
그래도 흔들리는 맘 어쩔 수 없어
초가을 산들바람에 새초롬히 흔들리며
서 있는 나의 신부여

뚱딴지

키다리 해바라기 같은 꽃이 피었다
얼굴은 작고 키 호리호리하니 예쁜
그 꽃이 감자밭 기웃거리며 말했다
'나도 감자야, 내 뿌리를 봐,
나도 너희와 같은 감자 족속이야'
뿌리가 감자와 비슷하게 생겨서
같은 족속인지, 아닌지?
감자밭에서 감자 족이 회의를 열었다
결론은 뚱딴지같은 소리 그만해라
우리 감자가 너처럼 못생겼단 말인가
네가 그래도 감자라고 우긴다면
적당한 이름 하나 붙여주지
'뚱딴지'라고 이름 지어라. 그것도 싫으면
'돼지감자'라고 이름 짓고 살아라
그런데 꽃은 참 예쁘구나

참외

산 밑 텃밭에 모종 사다 심을 때
퇴비 준 것밖에, 가끔 물 준 것밖에
두 달 보름쯤 지나자
노랗고 씨알 굵은 참외가
둥글둥글 매달렸다
복날 참외를 먹으며
이 참외 속에는 뻐꾸기 울음소리
소쩍새 울음소리, 풀벌레 소리가 들어 있고
햇빛, 바람, 뭉게구름, 밤하늘
은하수 별빛, 달빛 에너지가 들어 있어
싱그럽고 달콤한 맛이 난다고 말하자
아내는 아, 참 그렇군요. 피식 웃는다
무심코 한 말인데……
다시 보니 힘찬 땅의 열정도 들어 있구나
참외를 먹으며 새삼스레 음미해 본다
우주와 자연이 빚어낸 상큼하고 오묘한 이 맛

빛과 암흑

암흑이 싫어
태양은 우주의 어둠을 태워 밝게 빛난다
칠흑 같은 어둠이 싫어
달과 별들은 밤하늘 밝게 비춘다
어둠이 싫어, 깜깜한 어둠이 싫어서
밤송이 속 알밤은 가시 옷 벗어 던지고
맨땅으로 툭툭 뛰어내린다
떨어진 알밤은 끈질긴 열정으로
딱딱한 껍질 찢고 나와 새싹 내민다
식물의 씨앗은 모두 빛을 갈망하며
외피 속의 어둠을 탈출하여 새싹 내민다
송아지는 캄캄한 어미 뱃속에서 열 달 동안 꿈꾸며
빛을 갈망하다가 바깥세상으로 나와 찬란한
빛의 세상을 맞이한다
탄생이란, 결국 빛을 향한 줄기찬 열망의 시간
죽음이란, 빛이 꺼진 암흑의 세상

시클리드와 메기

미끄러운 메기의 촉감을 안다
소년 시절 메기 굴에 팔뚝 집어넣고
손가락으로 메기를 끄집어내던 때 있었다
아프리카 탕가니카호수에서는
암컷 시클리드 물고기가 산란하는 틈을 타
단 몇 초 사이에
뻐꾸기메기가 시클리드 알 사이에 자기 알을 슬쩍
새치기해 섞는다. 그걸 모르는
시클리드 암컷이 입속에 알을 넣고 부화시킬 때
메기 새끼가 먼저 부화한 뒤
시클리드 알을 입 밖으로 밀쳐내 버린 뒤
그걸 잡아먹고 크도록 진화했다
마치 오목눈이 둥지에서 먼저 부화한 뻐꾸기 새끼가
 진짜 오목눈이 알을 둥지 밖으로 밀쳐내 버리듯
뻐꾸기메기도 탁란의 습성 개발했다
생존 본능이란, 얼마나 치열한 불꽃인가
얼마나 상상 초월 기막힌 전략을 구사하는가

계양산 국수나무

5월 말 계양산에 둘레길에는
국숫발이 하얗게 매달렸다
여기, 국수 한 그릇이요
계양산 둘레길은 온통 국수 잔치 중
헐벗고 굶주린 우리 선조들
이맘때쯤 힘든 보릿고개 넘다가
쓰러져 간 그 넋들이
칡뿌리 캐 먹으러 계양산자락 헤매다가
죽어간 선조의 넋들이
국수나무 꽃으로 하얗게 피어났구나
꽃이 길손들에게 손짓한다
국수 한 그릇 실컷 먹고 가시라요
나도 입속으로 중얼거려본다
여보게, 국수 한 그릇 드시고 가시라요

꾀꼬리

수줍음 타
좀처럼 모습 보여주지 않는 너
청량산 자락에서 살 때
뒤뚱거리는 아기 걸음마처럼 어설프게
달, 달, 달, 날아다니던 모습 보인 후
자취 감추더니 어디서도 보이지 않는다
못 찾겠다 꾀꼬리
못 찾겠다 꾀꼬리 노래 가사처럼
몇 년째 모습 보이지 않는 너
오늘 백운산* 자락에서
네 목소리 또렷하게 들었다
삐이~ 삐요꼬 ~ 삐유
청아하기 그지없는 꾀꼬리 그 목소리
여전히 변함없고 낭랑하다
노랑 바탕에 검은 테 살짝 두른 연미복
그 멋쟁이 옷 차려입고 나들이하던 꾀꼬리야
꼭 다시 한번 모습 보여주렴.

*백운산:영종도 백운산

소쩍새 이야기

입하立夏 무렵
소쩍새가 솥 작다, 솥 작다 울거나
소쩍소쩍 울어 풍년, 흉년 점치더니
올해는 울지 않는다
작년에 없던 별들 왜 이리 많이 모였을까?
소쩍새가 의구심 표하자, 옆집
까치가 까칠하게 웃으며 대답한다
저건 별이 아니고 새 아파트 불빛이란다
밤하늘 별빛은 참 포근해서 좋았는데 요즘
저 불빛이 눈 부시게 해 밤잠 설치기 일쑤란다
그럼 어떻게 하지~ 소쩍새의 긴 한숨
도시 근처 야산은 더는 살기 어렵겠구나
깊은 산이나 다른 나라로 이민 떠날 수밖에 없겠구나
그래서일까?
요즘 내가 사는 근처 야산에서
소쩍새 울음소리 들리지 않는다

물의 꿈

탄생이란 사랑의 액과 액이 만나
물속에서 형체 만들어 간다
어떤 생명체도 수분 없이는 생존 불가능
태아가 열 달 동안 양수 속 잠영潛泳하다
양수 밖 세상으로 나온다
우리 몸은 60% 이상 수분
거리엔 갖가지 치장한 물방울 돌아다닌다
물방울이 다른 물방울과 결합해
정분 나누고 또 생명체 씨앗 몸속에 기른다
물의 정령精靈은 변화무상해서
장미꽃도 물의 변용
복슬강아지도 물의 변용
날아가는 새도 물의 변용이라 한다
왕성하게 돌던 물의 열정 시들해지면
사랑의 힘도 넘지 못할 폐경기를 맞이하고
덕장에 아가미 꿰어 수분 빠져나가는 북어처럼
주름투성이인 채 우리 인생을 마감한다

꽃의 상징

탄생의 꽃, 연꽃
죽음의 꽃, 검은 장미
기쁨의 꽃, 아젤리아
슬픔의 꽃, 꽃무릇
분노의 꽃, 뿔남천
고독의 꽃, 아네모네
사랑의 꽃, 붉은 장미
질투의 꽃, 얼레지
욕망의 꽃, 루피너스
소망의 꽃, 도라지꽃
이별의 꽃, 하얀 국화
꽃들도 제각각 꽃말을 가지고 있다
꽃이 상징하는 세계는 무한하게 드넓다
모든 꽃은 우주의 일부이므로

위대한 고구마

지난해 가을
지인으로부터 고구마 한 소쿠리 선물 받았다
단밤처럼 맛있었다
고구마 큼직한 것 하나 남겨서 씨 고구마 해야지
종자를 보존하고 싶은 생각이 들어
수반에다 길렀더니 세 갈래로 줄기를 뻗었다
줄기마다 6개월 동안 다섯 자 정도 자라났다
올해 5월 하순 줄기를 두 마디씩 잘라 텃밭에 심었다
설마 살 수 있을까? 기대 반 염려 반
아니나 다를까, 강한 햇볕에 잎이 말라버리고 말았다
10여 일 후 죽은 줄기를 뽑아버리려고 하자
아니, 잘라서 심은 줄기마다 새싹이 빼꼼히 내밀었다
참, 기적 같은 일이다
어떻게 다 죽은 줄 알았는데 새싹이 나오는 것일까
참으로 끈질긴 생명력이요, 위대한 자연의 힘
7월 중순 연보라색 고구마꽃이 피었다
고구마여 너, 불굴의 의지력을 간직한
인고忍苦의 화신이어라!

보릿고개

야들야들 보드라운 삘기(삐비) 뽑아
껌처럼 씹고 다니던 소년 시절
점심 건너뛰어도 배고픔 몰랐지
버찌 따 먹으려 야산 헤매다가
빨간 보리수 열매까지 따 먹으면
손바닥과 입 주둥이 온통 울긋불긋
인디언 추장 되었지
보리 이삭 영글어 갈 때
들판에 모닥불 피우고
풋보리, 밀 모가지 꺾어다 구워 먹느라
입 언저리에 숯 검댕 칠한 전사戰士 되었지
소나무 껍질 벗겨 하얀 물관 부분 긁어
질겅질겅 씹으면 싱그럽고
향긋한 솔 향기 입안 가득 맴돌았지
삼천갑자 동방삭이도 넘기 힘들다는 보릿고개
우리는 그렇게 씩씩하게 넘어왔지
깨복쟁이 옛 친구들아, 잘 있는가?

사스레피

한식날,
9대 선조 묘소 앞 가는 숲길에서
달큼하기도 한
구린내 같기도 한
퇴비 발효되어 썩는 냄새 같기도 한
묘한 향기에 코 벌름거리곤 했는데
범인은 바로 너였구나
어릴 적 집토끼 기를 때
겨울철이면 네 푸른 가지 꺾어다 주었지
그때 우리는 '저사리나무'라고 불렀는데
아무리 찾아봐도 네 본명 알 수 없어 고심했는데
비로소 오늘 알았다
완도수목원 산길 오르다 가슴에 명찰 단 너
보았다. 사스레피, 사스레피
겨울철이면 메마른 야산에서 듬성듬성
염소 똥 무더기 뿌려 놓은 듯 검게 빛나던 너
그 본래 이름이 사스레피였구나

큰봄까치꽃

참 예쁜 이름이구나
호적에 큰개불알풀이라 했는데
언제 개명 허가받았을까
봄소식 전해지기 바쁘게
길가 풀숲에서, 텃밭 밭두렁에서
파란 눈망울 초롱초롱 반짝이고 있는
앙증맞은 네 모습
저리도 예쁘고 조그만 꽃인데
왜 큰개불알풀이란 징그러운 이름 붙였을까
늘 궁금했는데
개똥밭 같은 곳에서도 잘 자란다고 그랬나?
개의 불알이 저처럼 앙증맞고 예쁘진 않겠지
큰봄까치꽃, 너에게 딱 어울리는 이름으로
새롭게 개명하였으니
이 봄을 축하한다
온 산천에 봄소식 빨리 전하거라

풀꽃으로 장엄

유월은 풀꽃의 계절
별꽃은 대낮에도 하얀 별빛 반짝인다
꽃마리는 말린 꽃차례 술술 풀어가며 꽃 피네
보리뱅이는 뾰로통하게 입술 내밀고 있네
애기똥풀은 노란 똥을 예쁘게 싸놓았네
뻐꾹채는 뻐꾸기 울음소리를 내고
금계국은 황금 이파리 매달고 피네
개망초꽃은 동그란 달걀프라이 부쳐 놓았네
잡초는 무엇이고, 꽃은 무엇일까
보세요, 얼마나 앙증맞게 예쁜 모습입니까
마음의 문 활짝 열고 보면
우리 주변은 온통 꽃으로 장식한 화엄 정토
어디를 가나 풀꽃이 있습니다
우리, 죽어 땅에 묻히는 날
지천인 풀꽃들 품 안으로 돌아가는 겁니다
누워서 뻐꾸기 울음소리 듣는 겁니다
우리 사는 세상에 잡초는 없습니다
인간의 삶도 풀꽃처럼 수행하다 가는 것입니다
보세요, 저마다 염화의 미소 짓고 있는 풀꽃

들꽃 앞에서

세존이시여,
세존이시여
예쁜 민들레꽃을 보세요
선녀의 손길처럼 하얀 목련꽃을 보세요
산과 들판이 온통 꽃밭인데
불타는 진달래꽃을 보세요
꿀벌 잉잉거리는 왕벚꽃을 보세요
향기 달콤한 유채꽃 꽃향기를 맡으시고
싱그러운 찔레꽃 향기를 맡으시고
여름이면 지성스러운 풀벌레 소리
느티나무 거목 아래 들려오는 매미 노랫소리
무더위와 땀방울 씻어주는 시원한 마파람
가을이면 익어가는 풍성한 오곡백과
산과 들판에 피는 들국화
산이 온통 붉게 타오르는 단풍을 보시고
가을 밤하늘에 무수히 반짝이는 별과 달
겨울이면 선녀의 옷자락처럼 펄펄 날리는 눈송이
이 아름다운 세상을 두고 어찌하여
참 좋은 세상이다. 산다는 것은 축복이다
이 한 말씀 하지 않으십니까

아름다운 지상의 천국에서 복락을 마음껏 누려라
찬탄하지 않으십니까
이 세상이란 허망한 것이다 전혀 정情 붙일 곳
못 된다. 귀가 쟁쟁거리도록 당부하십니까
  세존이시여, 새봄에 피는 동백꽃을 두고
  새봄에 피는 살구꽃을 두고
  산과 들판이 온갖 꽃들로 장식하여 수놓은
  이 천국 같은 아름다운 지상을 두고
  어찌하여 현 세상은 허공 꽃이다
  즐거움 삼가고 다음 생을 위해 부단히 수행하라
하십니까
  세존이시여, 화창한 이 봄날 누더기 가사에 발우
들고
  시방세계 어느 나라 전전하고 계십니까
  시아본사是我本師 세존이시여
  인류를 향한 근심 걱정 잠시 거두시고
  이 좋은 봄날 한때를 쉬면서 완상玩賞하소서

책을 내며

  들꽃을 좋아하는 것도 인연인가 봅니다.
  청소년 시절까지 농촌에서 살았으므로 이미 마음속에 오랜 기간 형성되었습니다. 번잡한 생활을 정리하고 한적한 곳에 살게 되면서부터 시간 나는 대로 들꽃을 보는 것이 즐거운 일상이 되었습니다.
  마음이 우울하거나 혼란스러울 때 들꽃을 관찰하고 찍다 보면 곧 환하게 밝아집니다.
  마이크로 꽃이라고 일컫는 별꽃, 꽃마리, 큰봄까치꽃 등을 시작으로 봄꽃, 여름에 피는 꽃, 가을에 피는 꽃을 찾아다니다 보면 일 년이 어느새 지나갑니다.
  한겨울에도 끈질기게 생명을 이어가는 들꽃의 근생엽을 보면, 나도 모르게 마음속으로 그들을 응원하게 됩니다
  '머지않아 곧 추위가 끝날 거야 조금만 참고 견디어라' 그들의 강인한 생명력에서 배우게 되고 나약해지려는 내 마음을 가다듬고 삶의 열정을 되살립니다.
  새삼 자연이 우리의 스승임을 깨닫게 됩니다.
  나에게 걸어 다닐 수 있는 건강과 이 소소한 즐거움 있으면, 들꽃과 어울려 사는 내 인생은 어느 사람들 부럽지 않게 행복할 것입니다.
  들꽃은 내 인생에 있어 최고의 축복이며 깨달음의 길로 함께 가는 여정의 동반자입니다.

홍화꽃은 우리말로 잇꽃이라고 합니다. 꽃이 울긋불긋 색깔이 선명합니다. 꽃잎은 여인들이 전통혼례 때 바르는 연지곤지 물감의 원료로 쓰였으며, 그 씨앗은 뼈의 재생을 돕는 성분이 있어서 예로부터 척추와 관절병 치료제 또는 골절상 입었을 때 치료제로 쓰였습니다.

그 홍화꽃을 참 오랜만에 보았습니다. 영종하늘도시 미개발지 토지주택공사 소유의 땅을 일부 주민들이 밭으로 일구어 도라지, 감자, 고구마, 땅콩, 옥수수를 심었는데, 어느 주민이 넓은 밭에 홍화꽃을 심었습니다.

아주 어릴 적 소년 시절 동네 밭에 홍화꽃이 심어져 있는 것을 본 이후 까마득한 세월이 지난 뒤 다시 보게 된 것입니다. 무척 반가움에 마음 설레었고, 시간 나면 가끔 홍화꽃 피는 밭에 가서 바라보곤 했습니다. 그 홍화꽃을 바라보면 나도 모르게 어린 날 추억 속으로 손 이끌려 들어가, 소녀 머리카락을 묶는 댕기, 어린 시절 소녀들이 신고 다니던 꽃신, 울긋불긋한 무당의 옷자락이 떠오르는 것입니다.

그러나 그 시절은 되돌아갈 수 없는 아득히 먼 곳에 있습니다. 그곳은 기억만이 넘나들 수 있는 아득히 먼 세상입니다.

- 시 「홍화꽃 피다」 관련하여.

해마다 5월 중순이 되면 기다려지는 꽃이 있습니다. 근래에 정원수 또는 가로수로 많이 심는 개량종 마로니에 즉, 칠엽수 꽃나무입니다. 몇 년 전에 길가에서 우연히 그 꽃을 보고 난 후 얼마나 아름다운지 그만 마음 빼앗겼습니다.

　벌써 몇 년째 칠엽수꽃이 필 때쯤이면, 집 근처 높다란 가로수를 쳐다보며 꽃이 언제 활짝 피나? 어디쯤 있는 꽃나무의 꽃이 예쁘게 피었을까? 내가 사는 주변의 칠엽수 나무에서부터 수 킬로 떨어진 곳에 있는 나무까지 찾아다니며 관찰하게 됩니다. 원래 칠엽수는 서양의 마로니에를 일본에서 개량한 개량종 마로니에입니다. 나뭇가지마다 손바닥처럼 크고 넓적한 이파리가 일곱 장씩 매달려있어 칠엽수라 이름 붙인 것입니다.

　칠엽수꽃은 갖가지 보석으로 장식한 신부의 족두리 화관처럼 예쁜 꽃차례가 하늘 우러러 솟아 있어서 당당하기까지 합니다. 그러나 그렇게 아름다운 꽃도 활짝 피고 나면 곧 져버리고 흔적 없어집니다 마치 허공에 피었다 지는 허공 꽃처럼.

　　　　　　　 - 시 「칠엽수 꽃차례」 관련하여.

　꽃들도 저마다 독특한 아름다움을 지니고 있습니다.